SUPPLEMENT
DES
PIECES,

En faveur des *Compagnies Hollandoises* pour le Commerce des *Indes Orientales & Occidentales*.

---

*Memoire envoié de la Cour d'*Espagne *au Marquis de* Pozzo Bueno *Ambassadeur de S. M. Catholique à* Londres, *& presenté de la part de sa dite M. C. le 16 d'Avril 1724. à S. M. Britannique, pour l'engager à porter cette affaire au Congres de* Cambray.

Es Rois d'Espagne avoient autrefois le pouvoir, & ont été en possession d'exclure de la Navigation des Indes tous les sujèts de leurs Etats, excepté ceux d'Espagne.

Par consequent, les *Habitans des Pais-Bas* en étoient exclus, aussi-bien que les autres. Les Rois d'Espagne ont maintenu ce Pouvoir dans les Négociations des Traitez de Paix ou de Trêve avec les Provinces-Unies: Enfin ces Provinces y ont consenti par le Traité de Munster; de sorte que le partage des Indes étant reglé, les deux parties étoient obligées de s'abstenir de naviguer dans les limites l'une de l'autre.

Il s'ensuit donc, que les Provinces-Unies s'étant obligées, de ne pas naviguer aux Indes d'Espagne, *ont acquis en même tems le* DROIT D'EXCLURE *les sujèts des Etats d'Espagne*, COMME AUSSI CEUX DES PAÏS-BAS ESPAGNOLS, *de naviguer dans leurs limites.*

Les choses étant dans cet état, lorsque les Païs-Bas Espagnols furent cedez à l'Elect. de Baviere, *cette cession ne pouvoit aporter aucune alteration, ou préjudice* AU DROIT *des Provinces-Unies*; parce qu'il n'y a pas d'aparence que l'intention du Roi d'Espagne fut de se priver de son Droit, en laissant auxdits Païs-Bas cedez, la liberté de naviguer aux Indes.

La cession que le Roi de France fit aux Etats Généraux des Provinces-Unies, au nom du Roi d'Espagne, étoit sur le même pied. La France s'étant engagée à faire ceder lesdits Païs-Bas, par l'Electeur de Baviere, comme par les Etats Généraux, en faveur de la Maison d'Autriche; & cette cession

A n'ayant

n'ayant pas été faite directement, mais par l'entremise des Etats Généraux, comme il paroit par le traité de Paix entre la France & les Provinces-Unies, Art. IX., *l'intention n'étoit pas de faire tort, en aucune maniere, auxdites Provinces-Unies*, d'autant plus que par le même Traité, les Etats Généraux s'engageoient que la *Maison d'Autriche rempliroit les conditions qui étoient déjà stipulées:* & il est évident que le Roi de France, s'interposant pour le Roi d'Espagne, son petit-fils & son Allié, n'avoit pas intention de rien faire qui pût être préjudiciable à l'Espagne, en faveur de la Maison d'Autriche, avec laquelle il étoit alors en Guerre.

Outre tout cela, le 23. Article dudit Traité fait assez voir que l'intention étoit, *que la Navigation aux Indes* DEMEURAT SUR LE MEME PIED *qu'elle étoit auparavant.*

C'est ce que prouve encore plus évidemment le Traité conclu depuis, entre l'Espagne & les Provinces-Unies, par lequel, Art. 30. le Traité de Munster est posé pour base, plus particulierement par le 33. & le 34. Articles, par raport aux Indes.

Si après tout ce qui a été répresenté à Sa Majesté Imperiale de la part des Etats Généraux des Provinces-Unies, secondez de la maniere la plus forte par les hauts Alliez, *la cession des Pais-Bas devoit être confirmée par l'Espagne*, SANS SE RESERVER EXPRESSEMENT LE DROIT EXCLUSIF *sur la navigation des Indes en général & sans exception*, il s'ensuivroit que les Etats Généraux pourroient A JUSTE TITRE *demander satisfaction à l'Espagne*, pour avoir par là *fait une grande infraction au Traité de Munster:* outre que se trouvant privez des effets dudit Traité, ils seroient dispensez de l'obligation reciproque, de s'abstenir de la navigation des Indes d'Espagne.

De plus, l'avenir importe du moins autant à l'Espagne, qu'aux Provinces-Unies; car sur les fondemens posez par l'Empereur, les Habitans de ses Païs-Bas auroient autant de droit de naviger dans les limites d'Espagne, que dans celles des Provinces-Unies.

Il ne faut que reflechir, d'un côté, sur l'ample permission accordée par les Octrois à la Compagnie d'Ostende, avec la maniere dont l'Empereur s'est expliqué touchant la liberté prétenduë, & de l'autre, sur la vaste étenduë des Indes d'Espagne, pour être convaincu, combien il est nécessaire d'empêcher que des Negocians soutenus de la sorte, n'y fassent des établissemens, qui avec le tems pourroient ruiner ceux d'Espagne.

Après une Declaration si formelle & si forte en faveur des Compagnies Hollandoises, & contre celle que l'Empereur s'efforçoit d'établir dans les Pais-Bas Autrichiens, on eut tout lieu d'être surpris de voir un Traité conclu entre l'Empereur & le Roi d'Espagne, où non seulement les interêts des Hollandois furent sacrifiés à la nouvelle Compagnie d'Ostende, mais ceux des Espagnols même; comme on verra par les pieces suivantes.

Memoire de la Compagnie des Indes Occidentales presenté à L. H. P. les Etats Generaux des Provinces-Unies &c.

HAUTS ET PUISSANS SEIGNEURS.

LES Directeurs de la Compagnie Generale des Indes Occidentales de ces Provinces, répresentent humblement, qu'ils ne peuvent se dispenser d'exposer respectueusement à Vos Hautes Puissances, les Griès qui, par rapot à la dite Compagnie Generale des Indes Occidentales, resultent du Traité de Commerce entre Sa Majesté Imperiale & Royale d'une part, & le Roi d'Espagne d'autre part.

Que ces Grièfs sont: 1. Que par le second Article de ce Traité, il est permis aux Vaisseaux de Guerre, de transport & de Commerce de Sa Majesté Imperiale ou de ses Sujèts d'entrer dans tous les ports d'Espagne (y compris nommément les Indes Orientales) & de s'y pourvoir de rafraichissemens, vivres, & generalement de tout ce qu'ils pourroient avoir besoin pour leur voyage, le seul trafic ou Commerce excepté. 2. Que par le 36. Article du même Traité, il est encore permis aux Sujèts de Sa Majesté Imperiale, d'aporter dans les Royaumes d'Espagne, toutes sortes de Danrées & Marchandises des Indes Orientales, en produisant un Certificat de la Compagnie des Indes établie dans les Païs-Bas Autrichiens; avec les mêmes prérogatives & avantages qui ont été accordez successivement aux Sujets des Provinces-Unies par diverses Concessions Royales; & de plus avec cette Clause, que les Sujèts de l'Empereur jouiront generalement de tout ce qui avoit été accordé à cette Republique par le Traité de 1648. tant à l'égard des Indes qu'autrement. & 3. Que par le 47. Article on accorde en outre tous les avantages qui auroient pu avoir été cedez à la Nation Britannique par les Traitez de Madrid des Années 1667, & 1670. de même que par les Traitez de Paix & de Commerce de l'Année 1713. & en dernier lieu par certain autre Traité, dont on n'exprime ni le tems, ni le lieu, ni le contenu; & aux Sujèts de cet Etat, par le Traitez de 1648, 1650, & 1714. avec cette addition, qu'à l'égard de ce qui n'est point exprimé dans ledit Traité de Commerce entre l'Empereur & l'Espagne, on devra suivre & pratiquer ce qui s'observe par raport à la Grande-Bretagne & à cet Etat.

Qu'il paroit aux répresentans, que ces 3. Griès sont incompatibles avec le fameux Traité de Munster, puisqu'il est expressement declaré en leur faveur par les Articles 5 & 6, que la Navigation aux Indes resteroit & seroit continuée sur le même pied qu'elle se faisoit alors, suivant les Octrois déja accordez & à acorder dans la suite, & qu'à cet effet, la susdite Compagnie d'une part conserveroit son Etablissement & son Commerce, nommément dans le Breśil, en Afrique & en Amerique, & les sujèts de tous les Royau-

 mes

mes & Etats du Roi d'Efpagne, d'autre part s'abftiendroient de toute Navigation & Commerce dans les Lieux & Ports où ladite Compagnie des Indes Occidentales de ces Provinces pourroit avoir quelque Navigation ou Commerce: ce qui a été compensé de la part de cet Etat, par l'obligation reciproque, que fes Sujèts ne pourroient naviguer dans les lieux des Indes, où il étoit permis aux Sujèts d'Efpagne de naviguer & trafiquer.

Que le Traité de Munfter a toûjours été entendu de part & d'autre de cette manière, que toute la côté d'Afrique a été laiffée & eft demeurée à la Compagnie des Indes Occidentales de ces Provinces, même avec cette exactitude du côté des Efpagnols, qu'ils n'y ont point tenté la moindre Navigation ou Commerce, & que depuis l'Année 1648. ils n'y ont point occupé un feul pouce de terre.

Que l'incompatibilité dudit Traité de Commerce entre l'Empereur & l'Efpagne, avec celui de Munfter confifte en ce qui fuit: Premierement que le Roi d'Efpagne (foit dit avec tout le refpect poffible) n'a pu ceder à un autre Prince ce qui ne lui apartenoit point ni à fes fujèts. En fecond lieu, que Sa Majefté Catholique pouvoit encore moins ceder le même droit à ces Etats ou Païs qui ont ci-devant apartenu à fes Royaumes, & qui ont été compris dans la prohibition desdits cinq & fixième Article: troifièmement, que la Réciprocation comprife dans les Articles 5. & 6. du Traité de Munfter, par lesquels cette Republique a promis de ne point frequenter les Etabliffemens Efpagnols dans les Indes, à condition que l'Efpagne s'abftiendroit auffi d'aller dans ceux de ce Païs, ne peut pas permettre que cet Etat doive demeurer dans la même reftriction, lorsque l'Efpagne fait naviguer d'autres Peuples dans les Etabliffemens Hollandois aux Indes, ou qu'elle y donne fon confentement. En quatrième & dernier lieu, que les fusdits Articles 5. & 6. font tels, que le Roi d'Efpagne, n'a pu s'en departir fans la concurrence de cet Etat, qui au contraire a droit d'en exiger l'effet & l'obfervation.

Que les Répréfentans ne fe font aucune peine d'avoüer que la Compagnie des Indes Orientales de ces Provinces fouffre, par le Traité de Commerce entre l'Empereur & l'Efpagne, un préjudice plus confiderable que la Compagnie Generale des Indes Occidentales de ce Païs; mais qu'il n'eft pas moins vrai & hors de conteftation, que les confequences qui en doivent réfulter, concernent auffi bien les répréfentans que la Compagnie des Indes Orientales de ce Païs.

Qu'il eft du moins certain, que par ledit Traité de Commerce le Roi d'Efpagne a comme légitimé & reconnu la Compagnie d'Oftende; outre que la permiffion accordée à ladite Compagnie, de pouvoir aller dans toutes les Indes Efpagnoles, & de s'y pourvoir de toutes fortes de rafraichiffemens & befoins, excede la faculté qui a jamais été donnée aux Compagnies des Indes Orientales ou Occidentales de ces Provinces: ce qui feroit par confequent une nouvelle infraction ou contravention au Traité de Munfter.

Et

Et comme les Repréſentans ſont fondez en toute maniere à reclamer le Traité de Munſter contre l'Eſpagne, & d'en demander & exiger l'entiere exécution, ils s'adreſſent très-reſpectueuſement & très-ſerieuſement à Vos Hautes Puiſſances, les ſupliant de vouloir accorder leur puiſſante aſſiſtance & interceſſion pour les fins ſusdites, & de prendre là-deſſus telle Reſolution qu'elles trouveront convenable ſelon leur ſageſſe.

Memoire de la Compagnie des Indes Orientales préſenté à Leurs Hautes Puiſſances.

Hauts et Puissans Seigneurs.

Les Directeurs de la Compagnie des *Indes-Orientales* de ce Païs, ayant vû decliner de tems en tems leur Commerce dans les *Indes-Orientales*, depuis qu'on a entrepris dans les *Païs-Bas Eſpagnols*, préſentement *Autrichiens*, d'exercer ce Commerce dans les *Indes*, ſe ſont adreſſez par differens Memoires à *Vos Hautes Puiſſances* pour repréſenter que lesdits *Païs-Bas* n'avoient aucun droit par les Traitez à cette Navigation & à ce Commerce; qu'ils ne l'avoient jamais eu ci-devant ſous le Regne des Rois d'*Eſpagne*; & qu'ils ne l'avoient, ni en vertu desdits Traitez, ni en vertu de ceux qui ont été faits avec Sa Majeſté Imperiale & ſon Prédéceſſeur, l'Empereur *Leopold*, de glorieuſe memoire; d'autant plus que le principal but de ces Traitez & Négociations a été, que dans les Païs & Dominations que Sa Majeſté Imperiale pourroit acquerir en vertu de la *Grande Alliance* avec l'*Angleterre* & cet Etat, il ne feroit rien entrepris qui put cauſer de plus grands préjudices à ces deux Nations, que s'ils fuſſent demeurées ſous la Domination de l'*Eſpagne*.

C'eſt pourquoi il a été très-prudemment ſtipulé par le Traité de *Barriere*, que Sa Majeſté Imperiale & Catholique poſſederoit les *Païs-Bas Eſpagnols* de la même maniere que les Rois d'*Eſpagne* ſes Prédéceſſeurs les avoient poſſedez: & que pour le reſte, le Commerce ſe feroit de la même maniere ſtipulé dans les Articles du Traité de *Munſter*.

Mais, quoique les Directeurs euſſent bien ſouhaité qu'il ne ſe fût point préſenté d'autres incidens qui les obligeaſſent à importuner encore *Vos Hautes Puiſſances* par de nouveaux Ecrits, d'autant qu'ils s'étoient flatez que Sa Majeſté Imperiale & Catholique n'auroit pas pouſſé plus loin ce Commerce à leur préjudice; ils ont cependant vû avec douleur, 1. que la Navigation particuliere qui avoit été commencée il y a quelques années à *Oſtende*, a été changée en une Compagnie formelle ſur les *Indes-Orientales* & *Occidentales*, munie d'un très ample Octroi; & 2, qu'à préſent on emploïe toutes ſortes de moyens pour faire valoir & maintenir cette Compagnie par des Traitez avec d'autres Puiſſances, au grand préjudice des Droits & Prérogatives que la Compagnie des *Indes-Orientales* de ce Païs a ci-devant obtenus;

 ainſi

ainsi que cela paroit auxdits Directeurs par le Traité de Commerce fait en dernier lieu entre Sa Majesté Imperiale & Catholique & le Roi d'*Espagne*, où il est dit dans le 1. & 3. Article:

Que les Vaisseaux de Guerre & Marchands de leurs dites Majestez & de leurs Sujets, pourront réciproquement fréquenter les Ports, Côtes, Contrées & Provinces de part & d'autre, sans en avoir préalablement demandé la permission; ce qui s'étend aussi specialement sur les Indes-Orientales, *où ils pourront demander tout ce qui est nécessaire pour la Navigation: avec cette seule restriction, par raport aux* Indes-Orientales, *qu'il ne sera point permis d'y exercer aucun Commerce, & que les Vaisseaux de guerre, principalement dans ces contrées, seront obligez de se comporter d'une manière, qui ne donne aux Espagnols aucune crainte ou mauvais soupçon.*

Il est dit de plus dans le 36. Article du même Traité: *Que les Sujets de Sa Majesté Imperiale & Catholique pourront introduire & debiter dans tous les Etats & Dominations du Roi d'*Espagne, *tous les Effets, Marchandises, Fruits & Productions qu'ils aportent des* Indes-Orientales: *moyennant qu'il paroisse par des Certificats des Députez de la nouvelle Societé établie aux* Païs-Bas Autrichiens, *que ces Effets, Fruits & Marchandises proviennent des Lieux de Commerce, Colonies & Conquêtes de ladite Societé: auquel cas ils joüiront, par raport aux Effets des* Indes-Orientales, *des mêmes Privileges qui ont été accordez aux habitans des* Provinces-Unies, *par les Lettres Patentes du Roi d'*Espagne *des 27. Juin & 3. Juillet 1663.* Sa Majesté déclarant en outre: *Qu'Elle accorde aux Sujets de Sa Majesté Imperiale & Catholique tout ce qui a été accordé aux Habitans de cet Etat par le Traité de* Munster *de l'année 1648., tant à l'égard des* Indes, *que par raport à tout ce qui pourroit être aplicable audit Traité, & qui n'y sera point contraire non plus qu'à la présente Paix.*

Ce qui, par le 47. ou dernier Article dudit Traité, s'étend encore *sur tout ce que la Nation Britannique a stipulé en sa faveur par les Traitez de 1667 1670. 1713., & en dernier lieu par certain Traité & Convention, dont le jour & la date ne sont point exprimez, pour autant que cela pourra aussi s'apliquer aux Sujets de l'Empereur.*

De plus, *sur tout ce qui a été accordé à l'Etat des* Provinces-Unies, *non seulement par les Traitez de Paix de l'année 1648. mais encore par le Traité de Marine de l'année 1650. & le Traité de Paix de l'année 1714.*

Avec cette Addition: *Que tous ces Traitez serviront de regle dans les cas douteux, ou dans ceux qui sont obmis, ou qui pourroient n'être pas exprimez assez clairement par le présent Traité entre Leurs dites Majestez.*

Sur lesquels cas douteux & qu'on a passé sous silence, on peut établir en premier lieu, que Sa Majesté Catholique a bien voulu accorder aux Sujets de Sa Majesté Imperiale par le deuxiéme Article, la libre fréquentation de tous les Païs, Ports de Mer & Lieux dépendans de sa Domination; sans qu'on y trouve, ni dans tout le Traité, cette restriction expresse & cette exclusion

clusion qui sont inserées par tout dans d'autres Traitez de même nature; savoir, que cela ne se doit entendre que de ces Païs & Lieux que le Roi possede en *Europe*, ou de ceux où les autres Nations ont eu de tout tems un libre Commerce, comme il paroit par le quatrieme Article du Traité de Trêve conclu entre le Roi d'*Espagne* & cet Etat en 1609. où il est dit: *Ce que ledit Seigneur Roi entendoit devoir être restreint & limité aux Royaumes, Païs, Terres & Seigneuries qu'il tient & possede* NB. *en* Europe, *& Havres où les Sujets des Rois & Princes qui sont ses Amis & Alliez font ce Trafic.*

Item, par le Traité de *Munster*, au cinquieme Article si connu: *Que les Directeurs & Commis des Compagnies des* Indes Orientales & Occidentales *pourront librement voyager & trafiquer dans tous les Païs qui sont sous la Domination du Roi* NB. *en* Europe. *Et en outre, que les Sujets de l'Etat devront s'abstenir de fréquenter les Places Castillanes dans les* Indes-Orientales.

Et enfin par le 34. Article du Traité conclu à *Utrecht* en 1714., entre Sa Majesté Catholique régnante *Philippe V.*, & cet Etat, où il est dit très-expressement:

Quoiqu'il soit parlé dans divers Articles précédens, que les Sujets de part & d'autre pourront librement venir, fréquenter, rester, naviguer & trafiquer dans les Païs, Terres, Villes, Havres, Places & Rivieres des Hauts Contractans respectifs; il est néanmoins sous-entendu, que lesdits Sujets ne pourront jouir de cette liberté que dans les Etats réciproques situez en Europe; *d'autant qu'on est convenu expressement, qu'à l'égard des* Indes-Occidentales Espagnoles, *il ne sera permis d'y naviguer ou commercer que conformément au* 31. *Article dudit Traité.*

D'autre part, que pareils termes illimitez se trouvent encore dans le 26. Article dudit Traité entre leurs susdites Majestez, où il est accordé: *Que les Sujets de l'Empereur pourront introduire dans tous les Païs & Etats du Roi, sans aucune distinction, toutes les Denrées, Fruits & Marchandises de leurs Colonies & Conquêtes aux* Indes-Orientales, *moyennant qu'ils soient seulement munis de Certificats requis par ledit Article: Auquel cas ils jouiront de tous les Privileges qui ont été accordez aux Habitans de cet Etat par les Lettres Patentes du Roi d'*Espagne *en l'année* 1663.

Quoique les Directeurs de la Compagnie des *Indes-Orientales* de ce Païs ne connoissent aucun autre Privilege, sinon qu'il leur est permis d'introduire les Fruits & Marchandises des *Indes* dans tous les Etats & Domaines du Roi d'*Espagne* situez en *Europe*, ou bien dans les endroits où toutes les autres Nations ont un libre Commerce, sans que de leur connoissance il ait été jamais accordé de plus grands avantages. Mais il est bien vrai que par certaines Lettres Patentes ou Placards émanez du Roi d'*Espagne* en 1663., il est ordonné qu'à l'entrée de ces fruits ou Marchandises dans les Etats & Domaines de sa Majesté, où de tout tems il a été permis de les introduire, on devra produire un Certificat qui justifie qu'ils sont venus des Païs, Colo-

nies

ries & Conquêtes que la Compagnie des *Indes-Orientales* de ce Païs possède aux *Indes-Orientales*, afin de pouvoir les distinguer d'avec les Marchandises des *Indes-Orientales Portugaises*, avec laquelle Nation le Roi d'*Espagne* étoit alors en Guerre.

Cependant le Ministre de *Vos Hautes Puissances* à *Madrid* s'y oposa alors au nom de l'Etat; & ayant représenté à Sa Majesté Catholique l'impossibilité de satisfaire à cette requisition, la chose est restée là, suivant toute aparence; sans qu'ils sachent qu'on ait exigé depuis de pareils Certificats en *Espagne* pour les Fruits & Marchandises des *Indes-Orientales*.

Mais comme ces choses sont telles, qu'elles ont été aparemment interprétées par l'ancien Usage, ou qu'elles pourroient recevoir cette interprétation par les précédens Actes & Traitez, les Directeurs ne les touchent en passant, que pour faire voir uniquement que le sens interieur & l'intention de ces Articles leur est inconnu, ou ne leur paroit pas si clair que ce qui se trouve établi dans ledit second Article, où Sa Majesté Catholique *étend spécialement jusqu'aux* Indes-Orientales, *ledit libre accès ou fréquentation dans tous ses Ports & Places*. Ce que les Directeurs ne savent point non plus avoir été accordé jamais de telle maniere à aucune Nation du monde, & sur tout aux Sujets de cet Etat, puisque par le 5. Article du Traité de *Munster* si souvent cité, il est expressement stipulé, *que les Sujets de cet Etat devront s'abstenir de la fréquentation des Places Castillanes situées dans les* Indes Orientales.

Ce qui a aussi été rigoureusement observé depuis ce tems-là de la part des Espagnols, ainsi que cela paroît par un certain cas que les Directeurs ont eu l'honneur de representer à *Vos Hautes Puissances* par leur Memoire de l'année 1720., savoir, qu'en 1687. „ un Vaisseau de la Compagnie ayant à „ bord deux Religieux qui avoient fait naufrage sur les Côtes de la *Chine*, „ & les aiant ramenez, à leur prierre, aux Isles *Philippines*, le Capitaine de „ ce Navire demanda à cette occasion au Gouverneur, seulement un peu „ d'eau, qui lui manquoit, vu le detour qu'il avoit pris; mais qu'au lieu „ d'en recevoir, il reçût ordre de se retirer incessamment, sans avoir pû „ obtenir la moindre chose. „ Tant s'en faut que le Roi d'*Espagne* ait compris que les Ports de Mer & Places dans les *Indes Orientales*, qui ne sont autres que les *Isles Philippines*, autrement dites *Manilles*, servissent d'entrepot ou de Places de rafraichissement aux Vaisseaux de la Compagnie des *Indes Orientales* de cet Etat, sachant bien de quelle consequence cela auroit pu être.

Mais les Directeurs croient avoir sur tout raison de se plaindre du susdit Article 36., parce que le Roi d'*Espagne* y accorde aux Sujets de Sa Majesté Imperiale & Catholique non seulement tout ce qui a été accordé, mais encore cedé, aux Habitans de cet Etat par le Traité de *Munster*, tant à l'égard des *Indes* qu'autrement; ce qu'ils croyent directement oposé au 5. Article

dudit

dudit traité de *Munster*, par lequel il est stipulé, *que les Espagnols devront se borner à leur Navigation, comme ils l'ont eué du tems de ce Traité, sans pouvoir l'étendre plus loin dans les* Indes Orientales: Comme d'autre part il a aussi été stipulé dans le Traité d'*Utrecht* en l'année 1714. entre Sadite Majesté le Roi d'*Espagne*, & cet Etat: *Que la Navigation & le Commerce dans les* Indes Orientales & Occidentales, *sous la Domination des Seigneurs Etats Généraux, devront se faire de la même maniere qu'on l'a pratiqué jusqu'à présent.*

Ce qui est une preuve évidente, qu'il ne doit point se faire de changement dans cette Navigation de part ni d'autre, soit par les propres Sujets, ou par ceux de quelque autre Puissance qui n'est pas comprise dans le 5. Article dudit Traité de *Munster*: attendu que le 16. Article du Traité d'*Utrecht* exprime encore, que les Prerogatives par raport à la Navigation & au Commerce des *Indes-Orientales, comprises au 5. Article du Traité de* Munster, *auront lieu uniquement dans ce qui concerne les deux Hautes Puissances Contractantes & leurs Sujets*, savoir l'*Espagne* & cet Etat, sans autres: ainsi que le véritable sens & l'intention de ces paroles paroissent clairement par le Raport de Mrs. les Plenipotentiaires audit Congrès d'*Utrecht*, inseré dans le *Verbal* & dans les *Notules* ou Resolutions de *Vos Hautes Puissances* du 4. Janvier 1714. en ces termes: *Premierement, sur le 5. & le 6. Article du Traité de* Munster, *que les Sieurs Plenipotentiaires d'*Espagne *croioient être sujets à quelques Remarques, comme pouvant être appliquez à d'autres; disant, que les Etats & leurs Habitans devoient bien jouir de tous les Avantages stipulez par ce Traité, mais que les autres Nations, & particulierement les Villes* Anséatiques *n'en devoient point jouir.* Preuve convaincante, que l'exclusion ou la non-admission des autres Nations à la jouissance & à ce qui a été convenu par le 5. Article au sujet de la Navigation & Commerce aux *Indes Orientales*, a été l'unique & le veritable but de ce Traité.

Ce qui ayant donc été inseré ainsi à la requisition & instances de Mrs. les Plenipotentiaires d'*Espagne*, & agréé des deux côtez, il n'est pas permis à l'une de ces deux Puissances de transmettre ce droit par Traité, ou d'y faire participer une autre Nation, sans la concurrence & le consentement de l'autre Puissance comprise dans la même Convention & qui y est interessée.

Outre que le Roi d'*Espagne* ayant cedé, en faveur des Habitans de cet Etat, cette partie des *Indes*, que la Compagnie Privilegiée des *Indes Orientales* possede, avec promesse que les Espagnols ne s'étendroient point de ce côté-là; il n'a plus le droit de céder une seconde fois à d'autres Nations ce dont Sa Majesté s'est ci-devant désistée par un Traité si solennel, & qu'elle a toûjours laissé à la Compagnie privilegiée des *Indes Orientales* de ce Pais, ou à tels qui aïant été ci-devant les Sujets de Sa Majesté, sont aussi compris dans les Articles de la Defense; ni de tolerer publiquement que les Districts qui ont été cedez, & dont on a joui paisiblement de la part de tous les Sujets Espagnols, soient frequentez par des Vaisseaux de Guerre & Batimens

mens Marchands, & que l'on y établisse des Forts, Colonies & Comptoirs de Negoce, & generalement tout ce qu'on pourroit faire, s'il n'y avoit point de Traitez, au grand préjudice & à l'amoindrissement, pour ne point dire à l'entier aneantissement des Prerogatives de cet Etat, ci-devant stipulez & obtenus.

Et d'autant, *Hauts & Puissans Seigneurs*, que les Directeurs de la Compagnie des *Indes Orientales* de ce Païs se confirment de plus en plus dans ce qu'ils ont commencé à prevoir il y a long-tems, que la nouvelle Compagnie des *Indes Orientales & Occidentales*, érigée dans les *Pais-Bas Autrichiens*, veut pousser de cette maniere sa Navigation & son Commerce dans les Limites de l'Octroi concedé à la Compagnie des *Indes Orientales* de ce Pais, & troubler le Commerce par tout dans les *Indes*, cette affaire tireroit de plus en plus à de grandes consequences: Et voyant d'ailleurs, que cette Navigation & ce Commerce, avec l'Octroi qui y est relatif, vient d'être confirmé de la part du Roi d'*Espagne*, par un Traité important & très préjudiciable au Commerce de la Compagnie des *Indes Orientales* de ce Pais, & qui à certains égards favorise ladite Compagnie Autrichienne au delà des Habitans de l'Etat; ils n'ont pû se dispenser dans cette conjoncture, de representer très respectueusement leur Griefs à *Vos Hautes Puissances*, les supliant d'y faire une serieuse attention, & qu'il plaise à *Vos Hautes Puissances*, suivant l'importance de l'affaire, d'employer les moyens les plus efficaces, tant à la Cour de *Vienne* qu'à celle de *Madrid*, & ailleurs où cela pourroit être de quelque fruit, pour leur faire cesser entierement cette Navigation; dans cette esperance & attente, qu'on ne pourra prendre en mauvaise part, que ne pouvant acquiescer à ce nouvel Octroi & Traité, ils s'en tiennent entierement aux anciens Traitez, & que ceux-ci leur servent de regle non seulement dans les cas douteux ou obmis, mais aussi dans tous les autres cas.

Signé,

H. WESTERVEEN.

Memoire presenté au Roi d'Espagne par Mr. Vander Meer *Ambassadeur de L. H. P. auprès du susdit Roi Catholique.*

SIRE,

LE sousigné Ambassadeur de Leurs Hautes Puissances, vient representer très-respectueusement à Votre Majesté, qu'aiant reçû ordre de ses Maîtres de faire des Remontrances à Votre Majesté au sujet du Traité de Commerce conclu depuis peu avec l'Empereur, il ne peut se dispenser de s'acquiter d'abord d'une Commission si importante, & au succès de laquelle Leurs

Leurs Hautes Puiſſances s'intereſſent autant que la Puiſſance qui eſt Garante du Traité de Barriere.

D'autant que les Traitez ſont regardez comme la Baſe & le Fondement de la réünion des Nations & des Puiſſances, il eſt juſte & équitable que chaque partie Contractante les obſerve comme une Loi inviolable, non ſeulement en ne ſouffrant point qu'ils ſoient enfreints ouvertement, ni changez en aucune maniere, mais encore en ne permettant point à leurs Miniſtres d'employer des ſubterfuges pour donner au contenu des Articles, un ſens oppoſé à celui qui avoit été compris lors des conventions reciproques. C'eſt par ces marques de bonne foi que Leurs Hautes Puiſſances ont en tout tems executé très-religieuſement tout ce qui a été contracté avec Elles, ſans enfreindre ou changer la moindre partie d'aucun des Articles, quels qu'ils ſoient: s'impoſant à Elles-mêmes cette Regle, de reparer toutes les infractions, & d'en donner ſatisfaction, lors qu'on en porte des plaintes; & de faire punir ſeverement tous ceux de leurs Sujets, qui ont la hardieſſe de s'écarter de l'obſervation litterale de leurs Ordonnances. Et quant à des Engagemens avec d'autres Puiſſances au prédudice de leurs Alliez, Elles ont donné des marques éclatantes de leur attachement aux Interêts de Votre Majeſté, en rejettant unanimement tous les avantages qui leur avoient été offerts pour entrer dans la Quadruple Alliance.

Mes Maitres, Sire, s'étoient flattez, qu'après une marque ſi éclatante de leur haute eſtime, ils auroient trouvé dans la Perſonne de Votre Majeſté, non ſeulement un Allié, mais auſſi un veritable Defenſeur contre tous ceux qui tâcheroient de faire quelque changement dans les Traitez à leur préjudice.

Cependant, ils ont préſentement la douleur de voir les affaires tellement changées de face, que bien loin d'être ſoutenus par Votre Majeſté dans leurs droits indiſputables par raport à leur Commerce aux Indes, ils trouvent dans Votre Perſonne Royale le Defenſeur d'une Compagnie, dont le Commerce ne peut ſubſiſter ſans détruire celui de leurs Sujets & Habitans: Et quelques échapatoires que les Miniſtres de Votre Majeſté puiſſent chercher, en diſant qu'*on n'a rien accordé à l'Empereur qui ne ſoit conforme aux anciens Traitez*; il eſt néanmoins facile de prouver, que cela ne peut ſe faire ſans une explication forcée, & oppoſée aux termes des Articles: Car ſi on les prend à la *lettre* & dans le *ſens* qu'ils ont été couchez, chacun voit clairement combien ce nouveau Traité de Commerce eſt éloigné du but des Puiſſances qui ont conclu les Traitez de Munſter & d'Utrecht, après tant de rudes Guerres & tant de Sang repandu pour le maintien des droits de la Republique, tant par raport à leur Navigation aux Indes, qu'à l'égard de leur Commerce en general.

J'en viens, Sire, à la preuve. Par les Articles II. & III. du Traité de Vienne, il eſt accordé à *tous les Vaiſſeaux de Guerre & Marchands apar-*

tenans à Sa Majesté Imperiale & à ses Sujets, de frequenter les Ports & Villes des Etats de l'Espagne, (y compris même ceux des Indes;) & d'y prendre des rafraichissemens, provisions, & généralement tout ce qu'ils pourroient avoir besoin pour continuer leur voyage; avec cette seule restriction, *qu'ils ne pourront y exercer aucun Commerce.*

Il est dit dans le XXXVI. Article du même Traité, *que les Sujets de Sa Majesté Imperiale pourront introduire & débiter dans les Etats & Pais de l'Espagne, tous les Effets, Marchandises & production qu'ils aportent des Indes; moyennant qu'ils fassent voir par un Certificat de la Compagnie des Indes des Pais-Bas Autrichiens, que ces Effets, Marchandises ou Productions, sont du crû de leurs Colonies & Conquêtes:* Accordant en outre aux Sujets de l'Empereur, *tout ce qui a été cedé aux Hollandois par le Traité de Munster en* 1648., *ensuite par des Concessions particulieres en* 1663. *& en dernier lieu par le Traité d'Utrecht en* 1714.

Le XLVII. Article dudit Traité accorde pareillement aux Sujets de l'Empereur, *tout ce que les Anglois ont obtenu en* 1667, 1670, 1713. *& en dernier lieu par un certain Traité ou Convention dont la date n'est point exprimée*; avec cette addition, *que tous ces Traitez serviront de Regle dans les cas douteux ou dans ceux qui ne seroient pas exprimez clairement.* Il n'est pas non plus déclaré, si l'admission des Sujets de Sa Majesté Imperiale dans les Etats de la Couronne d'Espagne, doit s'entendre seulement des Rades, Villes & Ports de Votre Majesté en Europe, sans y comprendre ceux des Indes; quoi que cette restriction soit très expressement specifiée dans les Traitez qui ont été contractez avec Leurs Hautes Puissances mes Maîtres: En sorte que sous ce prétexte, les Sujets de l'Empereur pourroient joüir de plus grands avantages qu'aucune autre Nation, puis qu'on n'a jamais permis à personne, sous quelque prétexte que ce soit, d'aller dans les Ports & Villes de Votre Majesté aux Indes: & pour preuve que cela a été observé avec une rigueur extraordinaire de la part des Espagnols, il suffira d'en raporter l'Echantillon suivant.

„ En 1687, un Vaisseau de la Compagnie Hollandoise des Indes Orien-„ tales, aiant pris à bord deux Religieux qui avoient fait naufrage sur les „ Côtes de la Chine, & les aiant ramenez, à leur priere, aux Isles Philip-„ pines; le Capitaine demanda à cette occasion, au Gouverneur de cette „ Contrée, la permission de prendre un peu d'Eau, à cause qu'elle lui man-„ quoit, par le grand detour qu'il avoit été obligé de faire pour mener ces „ Religieux, où ils avoient souhaité d'être transportez; mais, bien loin „ d'obtenir sa demande, il reçut ordre de se retirer incessament.

Ce qui, (sans faire attention à l'ingratitude du Gouverneur,) est une preuve évidente, que les Rois d'Espagne n'ont jamais entendu que les Ports & Villes des Indes fussent compris dans la permission accordée de naviguer vers les Ports de leur Domination. Cet Article ayant donc été accordé aux Vaiſſeaux de l'Empereur, c'eſt une infraction manifeſte au Traité de Munſter.

Le XXXVI. Article dudit Traité de Vienne eſt de la même nature; puiſque Votre Majeſté, (outre ce qui eſt raporté ci-deſſus,) donne aux Sujets de Sa Majeſté Imperiale, non ſeulement tout ce qui a été accordé, mais encore cedé, aux Habitans de la Republique par le Traité de Munſter, tant à l'égard des Indes qu'autrement: Ce qui eſt auſſi directement opoſé au V. Article dudit Traité de Munſter, où il eſt dit, *que les Eſpagnols borneroient leur Navigation dans les Limites qu'ils avoient du tems du Traité, ſans pouvoir l'étendre plus loin dans les Indes*; ce qui a été ainſi confirmé par la Paix d'Utrecht en 1714.

Ces Articles prouvent évidemment, *qu'il ne doit point être fait, de part ni d'autre aucun changement dans cette Navigation, ſoit par les propres Sujets des Parties Contractantes, ou par ceux de quelque autre Puiſſance qui n'eſt pas compriſe dans le cinquiéme Article de la Paix de Munſter.* De plus le dixiéme Article du Traité d'Utrecht déclare, *que les Prérogatives par raport à la Navigation & au Commerce des Indes Orientales, compriſes dans le cinquiéme Article dudit Traité de Munſter, n'auront lieu qu'à l'égard des deux Hautes Puiſſances Contractantes, & de leurs Sujets*; c'eſt-à-dire, l'Eſpagne & la Republique, *ſans y comprendre aucun autre.* Le véritable ſens & l'intention de ces paroles paroiſſent clairement dans la ſuite par le Rapport des Plenipotentiaires audit Congrès d'Utrecht, inſeré dans le Journal qui ſe trouve parmi les Actes de cette Negociation, étant dit par raport au cinquiéme & au ſixiéme Article du Traité de Munſter, que l'intention des Plénipotentiaires de Votre Majeſté étoit, que les Seigneurs Etats Generaux des Provinces-Unies des Païs-Bas & leurs Habitans, devoient de Droit joüir des Avantages ſtipulez par ce Traité; mais que les autres Nations, & particuliérement les Villes Anſeatiques, n'en devoient point joüir. Preuve certaine, que l'excluſion, ou la non-admiſſion des autres Nations à la jouiſſance de ce qui a été ſtipulé par le cinquiéme Article, au ſujèt de la Navigation & du Commerce aux Indes Orientales, a été l'unique but de ce Traité. Et d'autant que ces Conventions y ont été inſerées à la requiſition & aux inſtances des Plenipotentiaires de Votre Majeſté, & qu'elles ont été aggréées des deux côtez, il ne doit pas être permis à l'une des deux Puiſſances de transmettre ſon droit à un autre par un Traité particulier, ni d'y faire participer quelque autre Nation, ſans le conſentement & la concurrence de l'autre Puiſſance, qui a tant d'intérêt à ces Conventions. D'ailleurs l'Eſpagne ayant cédé à la Republique cette partie des Indes qu'Elle occupe actuellement, avec promeſſe que les Eſpagnols ne s'étendroient point de ce côté là; cette Couronne n'eſt point en droit de donner une ſeconde fois à une autre Nation, ce qui a été cédé en faveur de la République par un Traité ſolemnel.

Comment eſt-il donc poſſible, que les Miniſtres, de Votre Majeſté ayent pu permettre que ces Articles fuſſent enfreints, en donnant une Permiſſion autentique à la Compagnie d'Oſtende, & en lui accordant des Prérogatives qu'ils n'auroient pas eu le droit d'accorder, quand même cette partie des Païs-Bas ſeroit reſtée ſous la domination de Votre Majeſté!

Et comme les Rois d'Eſpagne ont eu anciennement le droit & ont été en poſſeſſion d'exclure de la Navigation des Indes, tous les Sujèts de leur Domination, excepté ceux d'Eſpagne; les Habitans des Païs-Bas Autrichiens, qui étoient alors leurs Sujèts, en ont été pareillement exclus; & ce ne fut que par le Traité de Munſter, que les Provinces-Unies des Païs-Bas obtinrent les Prérogatives dont ils jouiſſent par des Conditions réciproques; & que le Partage des Indes ayant été fait, les deux Parties s'engagerent de ne point naviguer dans les Limites l'une de l'autre: d'où il s'enſuit, que la République, en s'engageant que ſes Sujèts ne navigueroient point aux Indes Eſpagnoles, s'eſt acquis en même tems le droit d'exclure de la Navigation dans ſes Limites, tous les Sujèts de la Domination de l'Eſpagne, & par conſequent ceux des Païs-Bas Eſpagnols.

Au ſurplus, la Ceſſion des Païs-Bas Eſpagnols à l'Empereur, étant telle, que Sa Majeſté Imperiale doit les poſſeder aux mêmes conditions que les Rois d'Eſpagne; il eſt viſible que ces Païs, en changeant de Maitre, n'ont pu acquerir aucun droit préjudiciable à la République & oppoſé à tous les Traitez. D'ailleurs, il eſt dit très expreſſément dans le trente & uniéme Article du Traité d'Utrecht, „ Que Votre Majeſté promet & s'engage de ne point permettre à d'autres Nations, quelles qu'elles ſoient, & ſous quel-
„ que prétexte que ce puiſſe être, d'envoyer des Vaiſſeaux aux Indes Eſpag-
„ noles, ou d'y exercer quelque Commerce: Que Votre Majeſté s'oblige
„ au contraire, de maintenir les choſes ſur le même pié qu'elles étoient
„ du tems de la Regence de Charles II. & conformément aux Loix fonda-
„ mentales de l'Eſpagne, leſquelles défendent & interdiſent à toutes Nations
„ étrangeres d'aller aux Indes ou d'y negocier. „ En faveur de quoi les Seigneurs Etats Generaux ſe ſont engagez de leur côté, de ſoutenir Votre Majeſté, contre tous ceux qui oſeroient entreprendre quelque choſe au contraire. Par conſequent que les Sujèts des Païs-Bas Autrichiens ſoient conſiderez comme ayant été ci-devant Sujèts des Rois d'Eſpagne, ou qu'ils ſoient regardez comme Etrangers, on ne peut leur accorder aucuns Privileges qui ſoient oppoſez au contenu des Traitez & Conventions entre Votre Majeſté & la Republique.

Toutes ces Conſiderations, Sire, peuvent être reduites aux IV. Points ſuivans.

I. Que par le Traité de Commerce entre Votre Majeſté & l'Empereur, il eſt accordé aux Sujèts de Sa Majeſté Imperiale de negocier aux Indes: ce qui eſt entiérement oppoſé au But & à l'Intention des Traitez de Munſter & d'Utrecht.

II. Que

II. Que par ledit Traité de Commerce, les Sujèts de l'Empereur ont obtenu permission de fréquenter les Villes & Ports de Votre Majesté aux Indes, sous prétexte d'y prendre des Rafraichissemens, &c. Ce qui a toûjours été refusé aux Vaisseaux de Leurs Hautes Puissances, ce qui par consequent, en vertu des Traitez, ne peut être accordé à aucune autre Nation à leur préjudice.

III. Que Votre Majesté soutient & autorise l'établissement d'une Compagnie, formée par les Habitans d'un Païs, qui ayant été ci-devant sous votre Domination, est specialement compris dans les Défense établie par raport à tous les Sujèts de la Couronne d'Espagne, (excepté les Espagnols:) ce qui est fort oposé au contenu des Traitez, où il est déclaré, que non seulement Votre Majesté empêchera aux Nations Etrangeres de négocier aux Indes, mais encore qu'elle soutiendra Leurs Hautes Puissances dans tous leurs Droits & Privileges à cet égard.

IV. Et que Votre Majesté & Leurs Hautes Puissances étant obligées de s'entre-soûtenir, pour empêcher les autres Nations de trafiquer aux Indes, il est très-visible qu'aucune des deux Parties Contractantes ne peut avoir le droit de changer des Articles, ou de s'en departir, sans le connoissance & le consentement de l'autre Partie interessée.

Toutes ces Remarques, Sire, forment présentement le Fondement des justes Plaintes de Leurs Hautes Puissances, mes Maitres, qui ne peuvent assez témoigner leur surprise, de ce que les Ministres de Votre Majesté, (sans avoir réflechi d'une manière convenable aux opositions palpables entre le Traité de Vienne & ceux de Munster & d'Utrecht,) ayent pu accorder des Avantages si considerables aux Sujèts des Païs-Bas Autrichiens au grand préjudice de Leurs Hautes Puissances, & même, s'il est permis de le dire, de Votre Majesté & de votre Peuple; lequel dans un tems ou dans l'autre, en cas que cela continue, se verra frustré par cette Compagnie, qui est presentement protegée d'une manière si expresse, des avantages de son propre Commerce.

Surquoi Leurs Hautes Puissances prient très-instamment Votre Majesté par ma bouche, de vouloir ordonner que l'on fasse des reflexions très-serieuses sur la presente Répresentation, & de la maniére la plus convenable à l'importance de l'afaire; en faisant attention, jusqu'où cette contradiction aux Traitez de Munster & d'Utrecht, pourroit avec le tems donner lieu à de facheuses suites, & exciter de nouveaux troubles en Europe.

Leurs Hautes Puissances sont entiérement convaincues du zèle & de la pieté de Votre Majesté, que son intention n'a point été de renverser les Droits & les Privileges de la République, qui sont fondez sur des Traitez si autentiques; de sorte qu'elles ne peuvent attribuer qu'aux Ministres de Votre Majesté, les entreprises qui ont été faites au contraire par le Traité de Vienne: mais en cas que Votre Majesté n'ait pas la bonté d'employer à tems les remedes nécessaires, cette République se trouvera frustrée de tous les avantages qu'Elle a acquis au dépens de tant de sang répandu pour le main-

maintien de sa Navigation : d'où l'on peut conclure facilement, Sire, que le Commerce en general étant une partie de la Base & du Fondement de l'Etat, Leurs Hautes Puissances ne peuvent jamais se departir en aucun point des Conventions & Traitez de Munster & d'Utrecht. Ainsi, Elles se flattent que Votre Majesté voudra bien rectifier les Articles du Traité de Vienne qui y sont contraires, & faire ensorte que la Compagnie d'Ostende ne navigue plus aux Indes, de quelque maniére & sous quelque prétexte que ce soit ; afin que Leurs Hautes Puissances, mes Maitres, puissent contenter & rassurer les esprits allarmez de leurs Habitans, qui regardent ce Traité de Vienne comme l'entier renversement de leurs Droits & Privileges.

J'espére donc, Sire, & j'attens de la pieté de Votre Majesté, qu'après avoir fait examiner tous ces Articles, elle voudra bien donner à mes Maitres une Reponse favorable, & conforme à l'intention & au but des Traitez conclus entre Votre Majesté ou vos Illustres Predecesseurs, & cette Republique ; laquelle a d'autant plus lieu de se flatter d'un heureux succés de sa demande, que Votre Majesté même, avant la conclusion de la Paix avec l'Empereur, avoit exigé que tous les Traitez de Munster & d'Utrecht seroient exécutez à la lettre, & conformément à ce que Leurs Hautes Puissances viennent de certifier, &c.

Extrait des Resolutions de L. H. P. les Etats Generaux des Provinces-Unies, du 24 Janvier 1726. au sujet de quelques Memoires qui leur avoient été presentés par M. le Comte de Konigsegg - Erps, Ministre de l'Empereur.

Leurs Hautes Puissances esperent qu'on ne trouvera pas mauvais qu'elles ne puissent donner les mains aux expedients proposés par maniére de discours par ledit Comte de Konigsegg, pour entrer en négociation sur les differens touchant le Commerce des Païs-Bas Autrichiens aux Indes, non seulement parceque ces expediens n'ont été proposés que par maniére d'entretien, mais sur tout parceque l'on supose que ce Commerce continueroit, ce qui est l'Article qui forme le principal griéf de Leurs Hautes Puissances & quelles regardent comme une contravention notoire au Traité de Munster, qui cause à la Republique un tort & un prejudice extreme : C'est pourquoi l'on ne peut admettre ni passer cette supposition : Outre qu'elles ont peu d'esperance d'une négociation précedée d'une déclaration aussi formelle que celle qui se trouve dans l'un des susdits memoires, savoir que l'on est convenu entre Sa Majesté Imperiale & le Roi d'Espagne, de tirer raison avec forces reünies & de toute maniére, de la moindre offence & du moindre tort qui seroit fait à l'une ou à l'autre par raport au Commerce ; & que Sa Majesté Imperiale & Catholique regardera comme une infraction manifeste des Traités

Traités le moindre empêchement que leurs Hautes Puiſſances pourroient mettre à la navigation libre de la Compagnie de Commerce établie dans les Païs-Bas Autrichiens, d'autant que l'on peut conclurre de cette déclaration que Sa Majeſté Imperiale & le Roi d'Eſpagne ont réſolu d'employer leurs forces en commun pour maintenir le tort qui eſt fait à Leurs Hautes Puiſſances dans le Commerce qui eſt ſi eſſentiel à leur Etat. Que dès que l'on aura remedié au préjudice qui émane d'une telle déclaration, & que l'on ceſſera de préſupoſer la continuation de la navigation & du Commerce des Païs-Bas aux Indes, Leurs Hautes Puiſſances ſeront diſpoſées à écouter les propoſitions qui pourront leur être faites pour terminer les differents ſusdits par raport au Commerce, quelle que ſoit l'iſſue des préſentes déliberations, par raport à l'acceſſion au Traité de Hanovre.

Quant à ce qui concerne l'acceſſion au Traité de Vienne, Leurs Hautes Puiſſances ne peuvent encore ſe déclarer ſur ce ſujet; mais puisque ce Traité étant fondé ſur celui de la Quadruple Alliance, auquel Leurs Hautes Puiſſances n'ont point eu part, & d'un autre côté le Traité de Marine conclu entre Sa Majeſté Impériale & le Roi d'Eſpagne, lequel contient des Articles dont Leurs Hautes Puiſſances ſont extremement lezées, ne pouvant être conſideré que comme une partie ou une ſuite du ſusdit Traité, il ſemble qu'on ne peut exiger de Leurs Hautes Puiſſances qu'elles accedent à ce Traité à leur prejudice.

Au reſte rien ne ſera plus agreable à Leurs Hautes Puiſſances que d'entendre des expediens convenables pour remedier à leur griêf au ſujet du Commerce, & en même tems ôter cette pierre d'achopement; car elles n'ont rien plus a cœur que la conſervation du repos public, leur propre ſureté & l'ineſtimable amitié & affection de Sa Majeſté Imperiale pour leur Republique, &c.

Le même jour Leurs Hautes Puiſſances repondirent auſſi à un Memoire du Sieur Olivera, Qu'elles faiſoient un cas infini des aſſurances reiterées de l'amitié de Sa Majeſté Catholique, & qu'elles tacheroient de la conſerver toujours; qu'elles voïoient avec plaiſir que Sa Majeſté étoit portée à favoriſer le Commerce & la Navigation des Habitans de cet Etat, de faire examiner leurs Griêfs & de les faire redreſſer conformément aux Traitez; que Leurs Hautes Puiſſances en attendront l'effet, & de leur coté obſerveront religieuſement les Traitez, & reconnoitront les faveurs dont les Habitans de cet Etat jouiront dans leur Commerce; que LL. HH. PP. conſiderent comme une marque de l'amour de Sa Majeſté pour la Paix & de ſon affection pour la Republique, la diſpoſition où elle eſt d'interpoſer ſa mediation pour terminer les differents entre l'Empereur & cet Etat par raport au Commerce des Païs-Bas Autrichiens aux Indes, ce dont elles ſe tiennent fort obligées envers Sa Majeſté. Mais qu'elles auroient ſouhaité que Sa Majeſté eut interpoſé

posé sa mediation, dans un tems où elle eut été plus en son entier par raport au Commerce d'Ostende aux Indes, qu'il ne paroit qu'elle soit depuis le Traité de Marine entre Sa Majesté Imperiale & Sa Majesté le Roi d'Espagne conclu à Vienne en dernier lieu, & dans lequel LL. HH. PP. trouvent des Articles qui authorisent & confirment ce Commerce des Païs-bas Autrichiens aux Indes, & qui accordent aux sujets de l'Empereur non seulement les mêmes avantages mais aussi de plus grands que ceux qui ont été accordés aux sujets de la Republique par les Traitez.

Qu'outre cela Leurs Hautes Puissances considerant que suivant la declaration formelle du Comte de Konigsegg-Erps Ministre de Sa Majesté Imperiale, on étoit déja convenu entre Sa Majesté Imperiale & le Roi d'Espagne de maintenir à force commune la Compagnie Imperiale de Commerce établie dans les Païs-bas contre toute oposition mise à sa Navigation & à son Commerce, Leurs Hautes Puissances ne peuvent bien comprendre que la Mediation de Sa Majesté Catholique puisse subsister avec de pareils engagements, & qu'elle puisse avoir lieu avec l'impartialité convenable.

Que Sa Majesté Catholique sait que Leurs Hautes Puissances ont été obligées de porter leurs plaintes à la Cour Imperiale touchant la Navigation & le Commerce des Païs-Bas Autrichiens aux Indes, comme contraire à ce qui a été stipulé par raport au Commerce dans le Traité de Munster, que ce Traité aiant été fait entre le Roi d'Espagne Philippe IV. de glorieuse Memoire, pour lui & ses successeurs d'une part, & Leurs Hautes Puissances d'autre part, Sa Majesté régnante est tenue d'observer le dit Traité.

Que les Païs-Bas ci-devant Espagnols & à present Autrichiens n'ont été & n'ont pu être cedez à l'Empereur qu'avec les Restrictions sous lesquelles ils étoient gouvernez par l'Espagne, & entre lesquelles une des principales est l'exclusion du Commerce aux Indes, ainsi que le Roi d'Espagne l'a compris, & l'a declaré en termes les plus forts, il n'y a pas deux ans, dans un Memoire presenté par le Marquis de Pozzo-Bueno à Sa Majesté Britannique le 5. Avril 1724. c'est pourquoi aussi Sa Majesté Catholique avoit été d'intention de porter cette affaire au Congrès de Cambray, comme un Article par raport auquel on contrevenoit aux Traités, & qui avoit besoin d'être redressé : que Leurs Hautes Puissances se trouvent grièvement lezées par ce qui est contenu dans le susdit Traité de Marine à l'avantage du Commerce des Païs-Bas Autrichiens & au prejudice de cet Etat, priant Sa Majesté Catholique de penser aux moyens de remedier à ce grièf & d'emploier ses bons offices auprès de Sa Majesté Imperiale, pour faire cesser ledit Commerce des Païs-Bas Autrichiens aux Indes, afin que les grièfs de Leurs Hautes Puissances soient ainsi redressez.

Lettre d'un Membre de la Province de Hollande à un Membre de la Province de Gueldres.

MONSIEUR,

LE Comte de Konigsegg paroit enfin rebuté de présenter des Mémoires. Un autre Ecrivain nous fournit le long procès par écrit dont on s'étoit reservé de nous payer. L'Imprimé s'en répand intitulé, *La Vérité du Fait & du Droit . . . &c. . . . du Commerce aux Indes établi aux Pays-Bas Autrichiens par Octroy, &c.*

L'Auteur nous y conduit d'abord au tems de Salomon & des Tyriens, & ce n'est qu'après bien des circuits qu'il nous ramene enfin au Commerce d'Ostende dont il s'agit. Ce seroit l'imiter que de le suivre dans une érudition si étrangère à la question. Elle se reduit uniquement à sçavoir.

1. Si le Païs-Bas, tandis qu'il a été sous la Domination des Rois d'Espagne, étoit exclus ou non du Commerce aux Indes.

2. Si ce n'est pas cette exclusion connue qui rendoit inutile la mention des Sujèts de l'Espagne, autres que les Castillans, dans les Articles 5. & 6. du Traité de Munster, qui ont statué entre l'Espagne & nous sur ce Commerce.

3. Si le Païs-Bas en passant entre les mains de l'Empereur a cessé ou non d'être soumis à cette exclusion.

Si l'Auteur du Libelle eût bien voulu se renfermer dans ces trois points, dont il s'agit uniquement, il se seroit épargné & au public de longs narrez & une foule d'argumens qui n'ont de mérite que d'écarter le Lecteur du véritable état de la question. Renfermons-nous y, & pour le faire commençons par la Clause prohibitive inserée dans la Donation du Païs-Bas, faite par le Roi Philippe second en 1598, à l'Archiduc Albert & à l'Infante Isabelle.

Par cette Clause la Navigation aux Indes est prohibée aux Habitans du Païs-Bas, même *sous peine de mort.* (a) Cette prohibition ne se borne pas au tems de la Domination des Archiducs qui reçoivent la Donation ; elle s'étend à celui de tous leurs Successeurs. *Et en cas de contravention lesdits Pays seront dévolus* (b) *&c.* ajoute la Clause. L'Apologiste de la Compagnie d'Ostende ne se borne pas à nous fournir lui-même la preuve resultante de cette Clause d'une exclusion bien formelle pour le Païs-Bas du Commerce aux Indes. Il ajoute, que *c'est aux remontrances des Portugais*, soumis alors aux Rois d'Espagne, *& a celles des Espagnols, qui de leur côté se montroient fort jaloux de leurs Indes Occidentales, qu'il faut attribuer la Clause prohibitive &c. . . .* Selon lui ce fut *une Condition, sine quâ non, & il ne se trouve pas* (dit-il)

 que

(a) [illegible] la Clause raportée dans la *Defense &c. par Mr. Barbeyrac*, page 6.
(b) Ibidem.

que les Etats des Provinces en ayent fait aucune protestation, n'y reclamation. Enfin il nous assure *qu'il restoit au gens de Pais-Bas un moyen pour faire encore quelque Commerce dans l'une & l'autre Inde*; *mais* il se reduisoit à demander au *Roi des permissions particulieres, lesquelles il accordoit . . . pour des personnes*, seulement, *qui alloient s'y établir, & pour des Vaisseaux que l'on y envoyoit de Cadix & de Lisbonne.* Le même Auteur nous avertit que ces *permissions particulieres . . . .* cessèrent en Portugal en 1605. *par une ordonnance du Roi Catholique du 9. Avril*, portant *que doresnavant nul Etranger de quelque nation qu'il pût être, encore même qu'il fut habitant & naturalisé en Portugal, n'eut en aucune façon à aller trafiquer ou naviguer en aucune place des conquestes de la Couronne de Portugal . . . . comme ès Indes Orientales, au Bresil &c. . . . Et tout cela sous peine de la vie, sans grace, & sans apel.* (c) Ce même apologiste convient qu'après la mort de l'Archiduc Albert & de l'Infante Isabelle *les anciens empêchemens continuèrent jusqu'à la Paix de Munster, même jusqu'à celle des Pirenées.* (d) Il prétend seulement *qu'on voit par une Lettre du Cardinal Infant à ceux d'Anvers du 25. Octobre 1640. . . . que le Roi Catholique avoit enfin resolu de les faire cesser, du moins à l'égard du Commerce des Indes Orientales, & d'en accorder l'ouverture à tous ses bons & fideles sujets de par deça.* Sur quoi cet apologiste ajoute que *la revolution du Portugal en empécha l'effet.* (e) Enfin il nous assure *que le même dessein fut repris en 1698. aux instances des Etats de Flandres, & poussé jusques à l'expedition formelle d'un Octroi pour l'établissement d'une Compagnie Royalle des Pais-Bas, Negotiant aux places & lieux libres des Indes Orientales & de la Guinée.* (f)

Ici, selon cet Ecrivain, auroit fini la prohibition, c'est-à-dire 50. ans après le Traité de Munster, si ce prétendu Octroi avoit eû lieu; mais on nous dit page 22. *Que les raisons qui empêchèrent encore l'execution ne sont pas connuës:* mieux instruit à la page 35. on nous apprend que la verité est que dès ce tems *là l'Electeur de Baviere*, alors Gouverneur du Païs-Bas, *se trouvoit dans une situation qui l'obligeoit à de grands menagements pour le Roi Guillaume & pour Messieurs les Etats Généraux.* En effet il n'étoit pas aparent que le Roi Guillaume & les Etats Généraux eussent souffert patiemment qu'on eût mis à execution un pareil Octroi.

Ici l'apologiste fait un argument auquel on ne se feroit pas attendu. *Les patentes* (c'est de cet Octroi sans execution dont il parle) *en furent expediées dans les formes ordinaires, publiées & imprimées à Bruxelles, au veu & au sçû de Mr. van Hulst Resident de Leurs Hautes Puissances, qui ne pouvoit pas seul l'ignorer pendant que tout le Pais en étoit imbu. S'il vivoit encore il pouroit dire mieux que personne ce qui en empécha l'execution. . . . . . Quoi qu'il en soit il ne parut de leur côté* (c'est Leurs Hautes Puissances) *aucune protestation, plainte, reclamation, ou oposition de droit.* (g) Que veut dire cet Ecrivain?

Vou-

(c) *La Vérité du Fait &c.* pag. 21. (d) Idem page 21.
(e) Idem page 21. (f) Ibidem. (g) Idem pag. 35.

Voudroit-il que Leurs Hautes Puissances se fussent amusées à protester contre un Octroi qui ne devoit point avoir d'effet, & qu'on retiroit par la considération des égards qu'on leur devoit? Que la Cour de Vienne en use sur l'Octroi accordé à la Compagnie d'Ostende comme on nous aprend que la Cour de Madrid en usa alors sur ce prétendu Octroi de l'an 1698. Que la Cour de Vienne, aussi attentive à nos griefs sur l'infraction des Articles 5. & 6. du Traité de Munster, retire enfin & suprime son Octroi, & qu'elle éteigne le Commerce illegitime qu'il autorise, nous lui promettrons sans peine de faire cesser de notre part toute *protestation*, toute *plainte*, toute *reclamation*, toute *opposition de droit*. Nous ne serons pas assez de loisir pour en faire contre ce qui cessera d'exister.

Il resulte donc des propres aveus de l'auteur de cette apologie une preuve complette d'une interdiction pour le Païs-Bas du Commerce aux Indes constament maintenue jusqu'en l'an 1698. qui fut suivie de la mort du Roi Charles II. arrivée le prémier Novembre, *après laquelle* rémarque cet Ecrivain *il ne fut plus question que de Guerre.* (h) De son aveu, c'est *en 1716*, le Païs-Bas étant remis à l'Empereur, *qu'une si heureuse conjoncture ranima le Courage abatu & presque enseveli des habitans du Païs-Bas, à l'égard du Commerce maritime.* (i)

En vain, pour écarter le Lecteur du véritable objet, fait-on valoir que la donation faite par Philippes à l'Archiduc Albert & à l'Infante Isabelle ne subsiste plus, qu'on ne peut *tirer aucun . . . . droit . . . . des Stipulations d'un contract éteint & fini il y a plus de* 100. *ans. . . . Que l'Article* 3. *de donation porte qu'elle demeurera nulle en cas que l'un des Conjoints vienne à deceder sans posterité de leur mariage, que le cas est arrivé & la donation demeurée nulle* (k) *&c.* Tout ce raisonnement seroit de saison si nous fondions sur la Clause prohibitive, inserée dans cette donation, notre droit de nous oposer à la Navigation des Habitans du Païs-Bas aux Indes; mais nous le tirons uniquement des Stipulations des Articles 5. & 6. du Traité de Munster. Cette clause prohibitive n'est produite de notre part, que comme une des preuves de l'interdiction qui a toûjours subsisté a l'égard du Païs-Bas. Par consequent le raisonnement employé pour prouver qu'on ne peut *tirer nul droit* d'une clause qui faisoit partie *d'un contract éteint*, est pleinement étranger à la question. Encore une fois ce n'est point un droit qu'on veut tirer de cette clause, mais une preuve de l'interdiction qui ayant toûjours subsisté depuis, rendoit inutile & ne permettoit pas même la mention des habitans du Païs-Bas dans les Articles du Traité de Munster qui font notre titre.

Cette interdiction formelle à prouver étoit le prémier des trois points à éclaircir. Passons aux deux autres.

On ne disconvient pas que les Articles 5. & 6. de la Paix de Munster n'ayent statué entre les Espagnols & nous sur le Commerce aux Indes. On

(h) Idem pag. 22. (i) Ibidem. (k) Idem pag. 31 & 32.

On s'épuise seulement en raisonnemens pour prouver que les habitans du Païs-Bas n'y étant point nommez, ces Articles ne peuvent être censez les regarder. Mais n'y auroit-il pas eû de l'absurdité à vouloir exiger la mention de ces habitans sur une Navigation qui leur étoit interdite par la loi constante de la Couronne avec qui on traitoit? Qu'eussent repondu les Ministres Espagnols si nos Ambassadeurs à Munster eussent insisté sur la demande d'une telle mention? Ne les auroit on pas renvoyé hautement à la maxime constante de l'Espagne qui excluoit de cette Navigation tous les sujèts autres que les Castillans? Ne leur auroit on pas fermé la bouche en leur montrant qu'en statuant pour les Espagnols sous le nom desquels étoient compris les Castillans, les seuls à qui cette Navigation fut permise, on statuoit necessairement pour tous ceux des Sujets de Sa Majesté Catholique qui étoient interessez à cette Navigation? La Couronne d'Espagne n'auroit elle pas eu lieu de s'élever contre une mention qu'on auroit voulu exiger d'elle & qu'elle n'auroit pû reconnoître necessaire, sans préjudice du titre en vertu du quel elle excluoit du Commerce aux Indes tous ses sujets autres que les Castillans? La demande de cette mention eût donc été absurde. Il suffisoit sans doute, sur la Navigation aux Indes, de statuer à l'égard de ceux des Sujets de la Couronne d'Espagne qui y étoient interessez. Quant à ceux qui en étoient exclus par la loi constante de cette même Couronne, c'eût été une absurdité de vouloir statuer à leur égard, sur ce qui leur étoit déja interdit.

On conviendra donc avec l'auteur de l'apologie qu'il n'y *a que les seuls Castillans dont le nom substitué dans la clause en question à celui d'Espagnols puisse effectuer un sens raisonnable*, & que d'y substituer, *par exemple les Aragonois, les Valanciens, les Catalans, les Napolitains, les Siciliens, ou tel autre Peuple de la Monarchie d'Espagne qu'on voudra*, seroit tomber *dans une absurdité inexplicable* (l). Mais pourquoi cette absurdité? *par ce* dit cet apologiste, *qu'aucuns des Sujèts de la Monarchie d'Espagne autres que les Castillans, au tems de la Paix de Munster, ne joüissoient point du Commerce des Indes Orientales.* (m) Il est donc verifié de l'aveu de cet écrivain qu'il y eut eû une absurdité inexplicable à vouloir faire, dans l'Article qui statuoit sur le Commerce aux Indes entre la Couronne d'Espagne & nous, une mention de ceux des Sujets de cette Couronne qui en étoient déjà exclûs. Il suffisoit donc de statuer à l'égard de ceux seulement qui y avoient part.

Que nous eut servi en effet de statuer à l'égard des Castillans, si la non mention des habitans du Païs-Bas eut été de la part de la Couronne d'Espagne une reserve en faveur de ceux-ci? Leur Voisinage, leurs Villes heureusement situées, & qui avoient été comme le berceau du Commerce dans l'Europe, enfin le genie de ces Peuples, encore tout tourné de ce côté là, ne les eussent ils pas rendu pour nous, sur la Navigation en question, des rivaux

(l) Verité du Fait & du Droit pag. 29. (m) Ibidem.

rivaux infiniment plus dangereux que les Castillans? Comment donc en statuant pour les uns aurions nous negligé de statuer pour les autres, sur tout dans un Traité où tout le monde sçait que l'Espagne, reduite aux abois, ne croïoit pas pouvoir trop sacrifier à l'avantage de nous separer de la France.

Enfin arrestons nous a ces paroles remarquables du 5. Article du Traité de Munster: *En outre a été conditionné & stipulé que les Espagnols retiendront leur Navigation en telle maniere qu'ils la tiennent pour le présent ès Indes Orientales.* Comment accorder l'Execution de cette clause avec une Liberté pour les Habitans du Païs-Bas de naviger aux Indes? Eut-ce été de la part des Espagnols retenir *leur Navigation ès Indes, en la maniére qu'ils la tenoient* au tems de la signature du Traité de Munster, que d'y admettre les Habitans du Païs-Bas qui en étoient exclus?

Qui ne voit donc l'Esprit dans lequel on traitoit? Qui ne voit que l'exclusion du Commerce aux Indes pour tous les sujèts de la Couronne d'Espagne autres que les Castillans étoit également reconnuë des deux côtez comme la Base, sans laquelle les stipulations à l'égard des Espagnols ou Castillans, se fussent tournées en pure illusion pour nous? C'eût donc été renverser l'Esprit du Traité que de vouloir faire partager aux Habitans du Païs-Bas les avantages d'un Commerce dont ils devoient être exclus. Voila sans doute les motifs, & non pas de simples égards personnels de l'Electeur de Baviere, qui firent évanouir le dessein *repris en 1698. à l'instance des Etats de Flandres*, & qui doivent encore aujourd'hui faire disparoître le Commerce établi à Ostende, à moins que le Païs-Bas, en passant sous la domination Impériale, n'eût acquis une liberté dont il avoit été constament exclus jusques la. Ce troisième point éclairci achevera de decider la question.

Arrestons nous à la Clause suivante inserée dans l'Article 26. du Traité de la Barriere. *Le Commerce & tout ce qui en depend, restera, entre les sujets de Sa Majesté Impériale & Catholique dans les Païs-Bas Autrichiens, & ceux des Provinces-Unies en tout & en partie sur le pied établi & de la maniere portée par les Articles du Traité fait à Munster le 30. Janvier 1648. entre Sa Majesté le Roi Philippe IV. de glorieuse Memoire & lesdits Seigneurs Etats Généraux, concernant le Commerce, lesquels viennent d'être confirmez par le présent Traité.* (n) Quel sens donner à cette clause, s'il étoit vrai, comme le prétend l'Apologiste de la Navigation d'Ostende, que le Traité de Munster n'eût rien statué sur le Commerce à l'égard des Habitans du Païs-Bas? Que voudroient dire ces paroles? *Le Commerce & tout ce qui en depend restera entre les Sujets de Sa Majesté Impériale & Catholique dans les Païs-Bas, & ceux des Provinces-Unies . . . . sur le même pied établi par les Articles du Traité de Munster.* Comment faire subsister à l'égard de ces Habitans les choses *sur le même pied établi* dans un Traité où ils n'auroient pas été censez compris? Ne feroit-ce pas

(n) Article 26. du Traité de la Barriere conclu à Anvers le 15 Novembre 1715.

pas de cette clause qu'il resulteroit *une absurdité inexplicable*, s'il étoit possible de suposer que le Traité de Munster n'eût pas statué pour le Païs-Bas. Il est vrai cependant qu'il n'y est pas nommé. Comment donc ses Habitans sans y être nommez ont ils pû être regardez par les parties contractantes au Traité de Barriere comme y étant compris? Comment resoudre cette question, si non en entendant les clauses inserées dans les Articles 5. & 6. du Traité de Munster dans le sens qui les rend aplicables au Païs Bas. *Les Espagnols* (disent ces clauses) *retiendront leur Navigation en telle maniere qu'ils la tiennent par le présent ès Indes Orientales* (o) . . . . . *Et quant aux Indes Occidentales les sujets & Habitans des Royaumes, Provinces & Terres desdits Seigneurs, Roi, & Etats respectivement s'abstiendront de naviguer & trafiquer en tous les Havres, lieux & Places . . . possédées par l'une ou par l'autre partie.* (p) En suposant que ces deux Clauses ne regardoient que les Castillans, & que les Habitans du Païs Bas qui n'y sont point nommez ne pouvoient y être censez compris, l'Article 26. du Traité de Barriere devient (nous l'avons vû) une absurdité inexplicable. Il ne s'agit pas seulement d'une simple contradiction, ou de quelque obscurité dans l'expression; c'est un Article essentiel d'un Traité, le seul fruit pour nous de tant d'efforts, qui porte totalement à faux, & auquel il ne reste pas lieu d'assigner un sens quel qu'il puisse être.

Tout s'explique au contraire en prénant les clauses des Articles 5. & 6 du Traité de Munster dans le sens qui peut seul faire une Stipulation raisonnable de ce qui est inseré dans l'Article 26. du Traité de la Barriere sur le Commerce des Païs-Bas. Tout se develope en reconnoissant à l'égard de ceux des Sujets de la Couronne d'Espagne qui au tems de la Signature de la Paix de Munster étoient exclus de la Navigation aux Indes, qu'ils n'auroient pu y être admis sans que cette Couronne eut cessé *de retenir cette Navigation en la maniere qu'elle la tenoit, &c.* . . . . & que les Castillans, les seuls à qui il étoit reservé d'en jouïr, devoient s'y renfermer dans les bornes respectivement prescrites.

Alors on entend comme quoi l'Empereur en recevant le Païs-Bas des mains de notre République, a pu promettre pour des habitans qui n'étoient pas nommez dans le Traité de Munster *que le Commerce & tout ce qui en depend restera* à leur égard *sur le même pied établi par les Articles du dit Traité*.

Alors on comprend l'étendue pour l'Empereur des Engagemens sous lesquels il a reçu le Païs-Bas de nos mains. C'est, dit le prémier Article du Traité de la Barriere *pour en jouir Sa Majesté Impériale & Catholique, ses Successeurs & Héritiers . . . . comme en a joui ou du jouir le feu Roi Charles II. de glorieuse Memoire.* Comment le feu Roi Charles II. jouissoit-il & devoit-il jouir du Pais-Bas? avec une Exclusion pour ce pais du Commerce aux Indes; que la tentative du prétendu Octroi de l'an 1698. en suposant ce qu'on en dit, auroit encore confirmée, & qui avoit même sa prémiere source dans

(o) Article 5. du Traité de Munster. (p) Article 6. du Traité de Munster.

dans une maxime constante de la Couronne d'Espagne. C'est donc avec la même exclusion que *Sa Majesté Impériale & Catholique & ses Successeurs* peuvent & doivent seulement posseder un pais qui ne lui a été remis que sous les conditions d'en *jouir comme en a joui le feu Roi Charles II. . . . .* (q) *demeurant au reste le Commerce & tout ce qui en depend . . . . en tout & en partie sur le pied établi & de la manière portée par les Articles du Traitée fait à Munster le 30. Janvier* 1648.

La nouvelle domination de l'Empereur sur le Pais-Bas a donc si peu affranchi ce pais de l'exclusion du Commerce aux Indes, qu'au contraire cette exclusion a été également suposée par les parties contractantes au Traité de la Barriere, comme une condition essentielle renfermée sous ces paroles: *pour en jouir Sa Majesté Imperiale & Catholique comme en a joui le Roi Charles II. . . . demeurant au reste le Commerce & tout ce qui en depend. . . . sur le pied établi, &c.*

Il est donc prouvé que l'Empereur en recevant le Pais-Bas de nos mains, est entré, sur la façon d'en jouir, & nommément sur le Commerce, dans tous les Engagemens de la Couronne d'Espagne à notre égard. Ce dernier point restoit à éclaircir. La question est donc décidée. Mais il y a plus. Quand on suposeroit même quelque doute, à l'égard de la Couronne d'Espagne, sur l'aplication au Pais-Bas des clauses concernant le Commerce aux Indes inserées dans les Articles 5. & 6. du Traité de Munster, ce doute cesseroit à l'égard de l'Empereur. *Demeurant au reste* (dit Sa Majesté Impériale dans le Traité de la Barriere) *le Commerce & tout ce qui en depend entre les Sujèts des Pais-Bas Autrichiens & ceux des Provinces-Unies, en tout & en partie, sur le pied établi & de la manière portée par les Articles du Traité fait à Munster.* (r) Qu'on supose, si l'on veut, que ces Articles ne pouvoient s'apliquer aux habitans du Pais-Bas comme Sujèts de la Couronne d'Espagne, ils s'y trouvent au moins aujourd'hui compris comme sujèts de l'Empereur, qui a declaré & promis *que le Commerce & tout ce qui en depend y restera sur le pied établi & de la maniere portée par les Articles du Traité de Munster.* Que l'aplication des Articles aux habitans du Pais-Bas comme sujèts de l'Espagne ait été, si on le veut, une erreur, ce n'en est plus une à l'égard de ces mêmes habitans, en tant que Sujèts de l'Empereur. C'est ce Prince même qui veut que les Stipulations du Traité de Munster regle le pied sur lequel *le Commerce* au Pais-Bas, *& tout ce qui en depend* devra *rester*. C'est en Consequence de cette façon d'entendre le Traité de Munster, qu'il s'est engagé par celui de la Barriere a joüir du Pais-Bas en la maniere dont le feu Roi Charles II. en avoit joüi ou du joüir; c'est-à-dire avec privation d'un Commerce dont ce Pais étoit exclu. Voila ce qui resulte invinciblement des Articles I. & XXVI. du Traité de la Barriere. Voila qui decide

D sur

(q) Prémier Article du Traité de Barriere. (r) Article 26. du Traité de Barriere.

ſur l'intention des parties contractantes, à moins qu'on n'attribuât à la Cour de Vienne d'avoir cherché dès lors à nous faire illuſion, par des Clauſes qui, ſelon ſa maniere d'entendre les choſes, euſſent été deſtituées de tout ſens poſſible à leur aſſigner. La Cour de Vienne ne s'apuyera pas, ſans doute, ſur une pareille intention. Il ſeroit auſſi odieux qu'injurieux de la lui attribuer.

Venons maintenant aux Reflexions dont l'Auteur de l'Apologie accompagne ſes preuves. *Meſſieurs les Etats* (dit-on) *aſſis ſur le prémier Siége de la République . . . . . feront ſans doute reflexion que l'affermiſſement de cette Barriere qu'ils croient ſi néceſſaire à la ſureté de leur Etat, & qu'ils ont ſi avantageuſement établie, ne s'accorde pas avec les deſſeins de leur Compagnie contre celle d'Oſtende. Leurs Traitez les mettent en poſſeſſion des principales Places du Pais-Bas, & leur aſſurent un ſubſide annuel de 1250000. florins pour ſubvenir aux frais de la garde . . . . outre & par deſſus les interéts de pluſieurs millions qui leur étoient dus par obligation avec Hypoteque. . . . . Ce ſont là de grands avantages . . . . mais de quoi ſerviroient ils*, ajoute-t-on, *ſi au même tems qu'ils* (les Etats Généraux) *exigent de ſi groſſes ſommes d'un ſi petit Pais, ils prennent ſoin de lui fermer toutes les portes du Commerce.* (s) Que veut-on dire par une telle inſinuation? Tous ces grands avantages qu'on fait valoir ici, n'ont ils pas été ſtipulez par le Traité de la Barriere? Eſt ce devant ou après la concluſion de ce Traité qu'on a penſé à établir la Compagnie d'Oſtende? Comment donc cet établiſſement ſeroit il devenu tout à coup une porte de Commerce néceſſaire à ouvrir pour mettre le Pais-Bas en état de ſatisfaire à des engagemens ſtipulez avant même qu'on eût conçû le Projet de cette Compagnie? *Car enfin* (dit-on) *le Pais-Bas Autrichien n'eſt pas une mine d'Or?* (t) L'étoit il d'avantage au tems de la concluſion du Traité de la Barriere? On voit donc que le but d'un tel raiſonnement eſt de nous inſinuer, ce qu'on s'abſtient à la vérité de nous dire, du ton menaçant des prémiers Mémoires du Comte de Konigſegg; mais au ton près on tient le même langage & l'intention n'eſt pas changée. On a ſeulement reconnu qu'il importoit de ne s'en pas expliquer ſi ouvertement. Fermer la Porte ouverte du Commerce d'Oſtende, c'eſt donc tarir à notre égard la ſource de l'argent pour le payement du ſubſide de 1250000. florins & des Interêts d'un nombre de Millions dus avec Hipotéque, & ſur leſquels nous reclamerions en vain les ſtipulations du Traité de Barriere.

C'eſt donc nous repeter aujourd'hui, ſous des termes à la verité radoucis, la reſolution formée de vanger, *conjunctis viribus*, le moindre trouble, le moindre empêchement à la libre Navigation de la Compagnie d'Oſtende, *fortiter ſe vindicandi minimæ offenſionis aut damni . . . . . minimum impedimentum.* (u)

On

(s) Traité de la Vérité du Fait & du Droit pag. 42. (t) Ibid.
(u) Memoire du Comte de Konigſegg-Erps.

On nous aprend que le prémier effet de cette vengeance sera de faire tarir la source de l'argent sur tous les points auxquels nous nous flattions en vain d'avoir suffisamment pourvû par les stipulations du Traité de la Barriere. Un tel avertissement doit sans doute entrer pour quelque chose dans nos deliberations sur l'importance de ne pas dedaigner l'apui de l'Alliance d'Hanovre sur tous nos interêts à assurer.

Ce seroit au reste nous flatter que de supofer què la Cour de Vienne nous doit quelque reconnoissance. C'est au contraire notre République qui est redevable *aux assistances amiables & purement volontaires de la très-Auguste Maison d'Autriche*, d'avoir été *deux fois sauvée* (w) . . . *Pour dire les choses comme elles sont* (ajoute - t - on) *ce ne fut point pour faire plaisir à l'Empereur que Messieurs les Etats s'apliquèrent si fortement au recouvrement du Pais - Bas, ce fut comme porte l'Article V. du Traité*, (la grande Alliance de 1701.) *dans l'Intention qu'ils servissent de Digue, de Rampart, & de Barriere pour séparer & éloigner la France des Provinces - Unies, & pour assurer leurs Frontieres.* (x) Rare reflexion! Ne voudroit - on pas qu'une République sage & pacifique comme la nôtre, se fut engagée dans une longue & sanglante Guerre, si elle n'y avoit été forcée par le motif de pourvoir à sa fureté? Est - ce là de quoy il s'agit quand on parle de ce que la complaisance pour la Cour de Vienne nous a fait sacrifier à des interêts, qui non seulement n'étoient pas les nôtres, mais que nous reconnoissons trop tard leur être si peu accommodez? l'objet de notre fureté n'étoit-il pas plus que rempli dès l'année 1706. après que la victoire remportée à Ramellies nous avoit rendus les maitres de presque tout le Païs-Bas Espagnol?

La Cour de France, ouvrant les yeux sur les dangers qui la menacent, oublie enfin son ancienne fierté & vient jusques à la Haye nous demander la Paix, qu'elle ne peut obtenir. Il est connû combien dès lors nous fumes en état de nous assurer une Barriere bien autrement avantageuse que celle dont il a falu se contenter 7. ans après. C'étoit donc le moment de nous arrêter; si une facilité, qui nous a coûté tant de Sang & de millions, n'eut pas fait ceder notre interêt à la complaisance pour nos Alliez. Ce sont ces 7. années d'une Guerre devenuë inutile à notre fureté, dont la Cour de Vienne pourroit nous tenir quelque compte.

Le fruit pour nous de ces 7. années d'une Guerre continuée avec tant d'efforts & de depenses de notre part, est notre épuisement présent, tandis qu'elles ont assuré à l'Empereur la possession de toute l'Italie & des vastes Etats qui le rendent aujourd'hui si redoutable. C'est après tant de services signalez que nous allions sucomber & voir enlever notre Commerce, sans la main secourable que nous présente la France pour nous derober à l'opression de la Puissance pour qui nous avons tant fait contre elle.

D 2 Dans

(w) Traité de la Vérité du Fait & du Droit pag. 48. (x) Idem pag. 54.

Dans ces circonſtances ſerons nous bien touchez du Compliment, *que l'on ne doit point mettre ſur le compte de l'Empereur tout ce qui a été fait par Leurs Hautes Puiſſances.* (y) Que dans les Traitez d'Utrecht *ce grand Prince y fut généralement abandonné, & que s'il fit une paix, ſi non avantageuſe, du moins honorable. . . . Il n'en eut l'obligation à perſonne?* (z) Enfin nous piquerons nous de faire ceder encore une fois nos intérêts les plus ſenſibles aux Régles d'une prétenduë bienſéance fondée ſur les idées des Miniſtres de la Cour de Vienne ? Nous payerons nous, ſur l'extinction d'un Commerce qui ne peut ſubſiſter ſans abſorber le nôtre, de la raiſon que ſi l'Octroy étoit à accorder peut-être ne l'accorderoit on pas ; mais qu'au point où en ſont les choſes, il faut qu'il ſubſiſte & ſe renferme dans les expédiens propres à finir l'affaire avec *honneur* & ſans *honte* pour l'Empereur. La Cour de Vienne a-t-elle oubliée qu'elle n'a accordée cet Octroy qu'après avoir dédaigné nos repréſentations réiterées, ſoutenuës des déclarations formelles de la France & de l'Angleterre en faveur de nos Droits violez?

Comment donc eſpere-t-on aujourd'hui de nous toucher par la raiſon *de l'honneur* de la Cour de Vienne à ſauver ; elle qui s'eſt montrée ſi ſourde à nos plus juſtes plaintes. Ce ſeroit ſans doute une belle prérogative du Trône Impérial, que le droit d'apeſantir ſa main à ſon gré ſur tous ſes Voiſins, & lorſque l'opreſſion devenuë inſuportable auroit donné lieu à un concert capable d'impoſer, de pouvoir le diſſiper tout à coup par un ſimple changement de ton, & en ſe diſant prêt à entrer en négociation pour trouver des expédiens ſur des griéfs qui n'en admettent point d'autres que l'extinction du Commerce illegitime de la Compagnie d'Oſtende.

Bornons nous donc à conclure que nous devons déja à l'Alliance d'Hanovre le langage radouci de la Cour de Vienne, & que c'eſt au mérite de cette Alliance, ſur notre ſatisfaction & notre ſureté à procurer, qu'il faut attribuer tant d'inſtances employées pour nous détourner d'y prendre part.

Reconnoiſſons enfin que c'eſt à cette Alliance, dont le poids accable, que nous devrons bien-tôt les propoſitions auxquelles on ne tardera pas ſans doute de paſſer, & que nous allons être en état d'amener au point du redreſſement complet de tous nos Griefs. Je ſuis, &c.

(y) Traité de la Vérité du Fait & du Droit, page 50. (z) Idem, page 52.

Extrait du Traité d'Alliance entre leurs Majeſtés les Rois de France, de la Grande Bretagne & de Pruſſe, conclu à Hanovre le 3 Septembre 1725.

II. Art. COmme c'eſt le veritable but & intention de cette Alliance entre leſdits Rois, de conſerver mutuellement la paix & la tranquilité de leurs Royaumes reſpectifs, leurs Majeſtez ſuſdites s'entre-promettent leur garantie réciproque, pour proteger & maintenir généralement tous les Etats,

Etats, Païs, & Villes, tant dedans que dehors l'Europe, dont chacun des Alliez sera actuellement en possession au tems de la signature de cette Alliance, aussi-bien que les droits, immunitez, & avantages, & en particulier ceux qui régardent le Commerce, dont lesdits Alliez jouissent, ou doivent jouïr respectivement. Et pour cette fin lesdits Rois sont convenus que si, en haine de cette Alliance, ou sous quelque autre pretexte, aucun desdits Alliés étoit attaqué hostilement, ou qu'il souffrit quelque tort dans les choses ci-dessus specifiées, par aucun Prince ou Etat quel qu'il soit, les autres Alliés employeront leurs bons offices pour faire faire raison à la partie léſée, & pour porter l'Aggresseur à s'abstenir d'aucune hostilité ou tort ulterieur.

III. Art. Et s'il arrivoit qu'aucune des parties contractantes fut attaquée ouvertement, ou qu'elle fut troublée dans les cas susdits, & que les bons offices ci-dessus mentionnez ne fussent pas assez efficaces pour procurer aucune juste satisfaction & reparation pour les torts & dommages faits à la partie lesée, alors les autres Parties, deux mois après que la réquisition leur en aura été faite, fourniront les secours suivans, &c. . . . .

Si les secours ci-dessus specifiez ne suffisent pas pour faire faire justice à la partie lesée, alors les parties contractantes conviendront ensemble des forces ulterieures qui devront être fournies.

Et enfin en cas de nécessité lesdits alliez assisteront la partie lesée de toutes leurs forces, & même déclareront la Guerre à l'Agresseur.

Dans l'Acte d'Accession des Etats Généraux des Provinces-Unies au susdit Traité de Hanovre, on trouve l'Article separé qui suit.

QUoi qu'il soit clair & incontestable que Leurs Hautes Puissances les Seigneurs Etats Généraux des Provinces-Unies des Païs-Bas, par le cinq & sixiéme Articles du Traité de Munster de l'an 1648. entre l'Espagne & la Republique des Provinces-Unies, ont acquis un droit qui exclut les sujets des Païs-Bas Autrichiens, aussi bien que de tout autre Païs, qui a fait alors partie de la Monarchie d'Espagne, de la Navigation & du Commerce aux Indes, dans les limites des Privileges ou Octrois que lesdits Seigneurs Etats Généraux ont accordez à leurs Compagnies des Indes d'Orient & d'Occident, & que par consequent ce Droit tombe notoirement dans la Garantie des Droits à laquelle les Alliez se sont mutuellement obligez par l'Article deuxième du Traité conclu à Hanovre le 3. Septembre 1725. Néanmoins pour ôter là dessus tout sujet de doute & de scrupule, les soussignez Ambassadeur, Envoyé Extraordinaire & Plenipotentiaire de Leurs Majestez Tres-Chretienne & Britannique, à la requisition des soussignez Députez Plenipotentiaires de Leurs Hautes Puissances, ont bien voulu déclarer, comme ils déclarent par ces présentes, au Nom & de la part de Leurs Majestez, que le susdit Droit résultant des Articles cinquième & sixième du Traité de Munster, est compris sous les droits que les Alliez garantissent dans l'Article second du Traité de Hanovre; & que si à cause de l'exercice de ce droit, ou en haine de cette Alliance, il arrivoit quelque brouillerie, & que Sa Majesté Impériale, contre toute attente, voulût suspendre ou retenir le payement des subsides dûs à la Republique pour l'entretien de ses Troupes dans les places de la Barriere, ou le payement des intérets & Capitaux hipotequez sur divers fonds assignez par Sa Majesté Impériale pour la sûreté de ce païement, on voulût user de quelque sorte de représailles ou voyes de fait, que l'intention de leurs dites Majestez est, que les Alliez protegeront & maintiendront lesdits Seigneurs Etats Généraux, conformément à l'Alliance à laquelle ils ont accedé aujourd'hui, & se concerteront sans aucun retardement sur les moyens les plus efficaces & les plus propres, à maintenir lesdits Seigneurs Etats Généraux dans ce droit, & dans l'exercice de ce droit, & les garantiront de toutes les suites qui en pourroient resulter; sans pourtant que l'on puisse proceder aux voyes de fait contre la Compagnie d'Ostende, dans les Indes ou ailleurs, avant que les Puissances contractantes de cette Alliance se soyent concertées là-dessus. Cet Article separé aura là même force que s'il avoit été inseré de mot à mot dans le Traité conclu & signé ce jourd'hui. Il sera ratifié de la même maniére & les Ratifications en seront échangées dans le même tems que le Traité. En foi de quoi nous soussignez constituez Plenipotentiaires, en vertu des Plein-Pouvoirs de Leurs Majestez le Roi Très-Chrêtien, & le Roi de la Grande-Bretagne & des Seigneurs Etats Généraux avons signé le présent Article, & y avons fait apposer les Cachets de nos Armes; Fait à la Haye ce 9. Août 1726.

(LS) *Le Marquis de Fenelon.*	(LS) *C. C. de Lintelo.*	(LS) *N. J. H. Noey.*
	(LS) *A. van Zuylen van Nievelt.*	(LS) *A. V. Schurman.*
		(LS) *Everard Rouse.*
(LS) *W. Finch.*	(LS) *Is. van Hoornbeeck.*	(LS) *L. H. Emmer.*

Extrait des Articles Preliminaires proposés par Sa Majesté Imperiale & acceptez & signés à Paris le 31 May 1727. par les Ministres des Alliez de Hanovre, &c.

I. Art. SA Majesté Imperiale & Catholique n'ayant d'autre but que celui de contribuer à la tranquilité publique de l'Europe, & voyant que le Commerce d'Ostende avoit causé des inquiétudes & des ombrages, consent qu'il y aura une suspension de l'Octroi de la Compagnie d'Ostende & de tout Commerce des Païs-Bas aux Indes pendant l'espace de sept ans.

III. Art. Qu'en consequence tous les Privileges de Commerce tant en Europe, en Espagne, qu'aux Indes, fondez sur des Traitez, dont les Nations tant Françoise qu'Angloise, & les sujets des Etats Généraux jouissoient précedemment, soyent remis sur le même pied & retablis, comme ils avoient été reglez en particulier par les Traitez anterieurs à l'année 1725.

Liste des Vaisseaux envoyés aux Indes pour le compte de la Compagnie d'Ostende, depuis son établissement.

L'ANnée 1724. les Directeurs ont envoyé trois Vaisseaux, sçavoir.

L'Empereur Charles, Capitaine Michel Caifaes, monté de 30. pièces de Canon, destiné pour Bengale, mais peri dans la Riviere du Gange.

L'Imperatrice Elisabeth, Capitaine Balthazar Rose, monté de 28. pièces de Canon, destiné pour la Chine.

L'Aigle, Capitaine Nicolas Charpentier, monté de 26. pièces de Canon, destiné pour la Chine. Ces deux sont revenus.

L'Année 1725. sont partis d'Ostende trois Vaisseaux pour les Indes.

Charles VI. Capitaine Jacques de Winter, monté de 36. pièces de Canon, destiné pour Bengale.

L'Imperatrice, Capitaine Clerc, monté de 34. pièces de Canon, pour la Chine.

Le Marquis de Prié, Capitaine Andrée Vlaerdering, monté de 36. pieces de Canon, destiné pour la Chine.

Ces trois Vaisseaux sont revenus.

L'année 1726. sont partis cinq Vaisseaux d'Ostende pour les Indes.

* Le Lion d'Or, Capitaine Jacques Larmes, monté de 36. pieces de Canon, destiné pour la Chine.

* L'Aigle, Capitaine Jean de Wael, monté de 34. pieces de Canon, destiné pour la Chine.

* La Paix, Capitaine Philippes Perrenot, monté de 36. pieces de Canon, destiné pour Bengale.

* Le Tigre, Capitaine Michel Pronhaert.

* L'Esperance, Capitaine Nicolas Charpentier, monté de 34. pieces de Canons, destiné pour Bengale.

L'Année 1727. sont partis quatre Vaisseaux pour les Indes.

* L'Archiducheffe Elisabeth, Capitaine Michel Caifaes, monté de 32. pieces de Canons, destiné pour Bengale.

* Le Charles VI. Capitaine de Meynne, monté de de 28. pieces de Canons, destiné pour Bengale.

* La Concorde, Capitaine Gilles Ryngaet, monté de 36. pieces de Canons, destiné pour la Chine.

* Le

* Le Marquis de Prié, Capitaine Guillaume Brouwer, monté de 26. pieces de Canons, destiné pour la Chine.

* Le St. Antoine de Padouë, parti en Janvier, * la St. Anne, & * le St. Joseph, partis aux mois de Mai & de Juin, ne sont que des Fregates d'avis, envoyez sur la côte de Bresil, & sur la route des Vaisseaux que l'on attend de retour, pour leur porter des ordres conformes à la situation où étoient alors les affaires.

*Les Vaisseaux marqués d'une *, sont ceux qui composent la Liste fournie à L. H. P. les Etats Généraux, par le Comte de Konigsegg-Erps, le 30 Août 1727. par ordre de Sa Majesté Imperiale, en consequence de l'Art V. des Preliminaires, où il est stipulé.* Qu'on laissera librement revenir des Indes les Vaisseaux Ostendois qui sont partis avant la cessation, & dont les noms seront compris dans un état qui en sera donné de la part de Sa Majesté Imperiale.

www.ingramcontent.com/pod-product-compliance
Ingram Content Group UK Ltd.
Pitfield, Milton Keynes, MK11 3LW, UK
UKHW020523180726
13839UKWH00005B/2273

9 782329 588971